Alan Bennett schleicht in manch kleinbürgerliches Wohnzimmer, in dem sich neben einigen Schrullen auch waschechte Bösartigkeiten offenbaren.

»Mehr Loriot als Ibsen.«
Frankfurter Allgemeine Zeitung

ALAN
BENNETT

ZUM TEE

Aus dem
Englischen von
Ingo Herzke

Verlag Klaus Wagenbach Berlin

INHALT

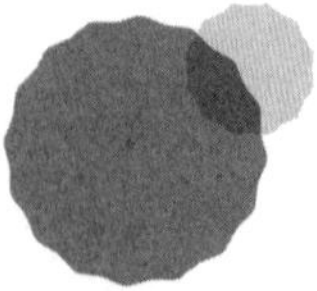

MISS FOZZARD FINDET IHRE FÜSSE

Unauffälliges Wohnzimmer in der Vorstadt. Während ihres Monologs sitzt Miss Fozzard in verschiedenen Sesseln oder steht neben dem Kamin, doch die Kulisse bleibt unverändert.

Heute ist eine ziemliche Bombe geplatzt. Ich lege gerade meine Strümpfe zur Seite, als Mr. Suddaby sagt: »Ich fürchte, Miss Fozzard, dass wir uns heute zum letzten Mal sehen.« Offenbar hat dieser letzte Einbruch das Fass zum Überlaufen gebracht, und da Mrs. Suddabys Mutter nun endlich ins Altenheim geht und ihr Fernsehempfang immer so schlecht war, hält sie jetzt nicht mehr viel in Leeds, und sie machen sich nach Scarborough davon. Noch dazu hat Tina, ihr Chow-Chow, ein bisschen Arthritis bekommen, und da würde der Sandstrand sicher guttun, langer Rede kurzer Sinn: Sie haben sich eine kleine Doppelhaushälfte in der Nähe des Peasholme Park gekauft.

»Aber«, sagt Mr. Suddaby, »das spielt alles keine Rolle. Die wichtige Frage ist doch, Miss Fozzard, was machen wir mit Ihren Füßen? Sie kommen jetzt schon so lange zu mir, da möchte ich auf keinen Fall, dass Ihre Füße in die falschen Hände geraten.«

»Nun, Mr. Suddaby«, sagte ich, »ich dürfte mich sehr glücklich schätzen, wenn ich wieder jemanden so Fähigen finden würde wie Sie, und noch dazu, wenn ich das sagen darf, mit Ihrem Sinn für Humor.« Denn es vergeht nur selten eine Sitzung, ohne dass wir über irgendwas lachen.

Er antwortete: »Miss Fozzard, die Welt der Podologie ist klein, ich war so frei, schon ein paar Telefonate zu tätigen, und ich bin auf zwei Möglichkeiten gestoßen. Eine davon ist eine junge Dame drüben in Roundhay, die sehr vernünftig sein soll, wie ich höre.«

»Ein Frau?«, habe ich gefragt. »Die Podologie betreibt? Ist das nicht ungewöhnlich?« »Nein«, sagte er, »heutzutage nicht mehr. Die Schranken fallen in der Podologie genau wie anderswo. Das ist der Fortschritt, Miss Fozzard, unaufhaltsam, und Cindy Bickerton hat einen eigenen Fußpflegesalon.« »Cindy?«, habe ich gefragt. »Klingt nicht gerade vertrauenerweckend. Klingt eher, als sollte sie Nägel lackieren und nicht behandeln.«

»Dann ist die Alternative wohl eher was für Sie«, sagte er. »Ich kenne Mr. Dunderdale zwar nicht persönlich, aber er hat die besten Referenzen. Er ist eigentlich schon im Ruhestand, nimmt aber immer noch gern ein paar ausgewählte Patienten an, damit er etwas um die Hand hat. Er wohnt allerdings draußen in Lawnswood, und wenn ich mich nicht sehr irre, sind Sie nicht motorisiert?« »Kein Problem«, habe ich geantwortet, »da nehme ich einfach die Nummer 17. Die Linie fahre ich gern. Nein, wenn es Sie und die Gleichstellungsbehörde nicht stört, versuche ich es mit Mr. Dunderdale.« »Eine kluge Wahl, glaube ich«, sagte er. »Erlauben Sie mir« (und er zwinkerte mir zu), »Ihren Füßen zum Abschied die Hand zu schütteln.«

Ich gehe schon seit Jahren zu Mr. Suddaby. Ich finde, die Investition lohnt sich, vor allem, wenn man wie ich eine Vorliebe für enganliegende Pumps hat (quetsch, quetsch). Mr. Suddaby liest mir immer die Leviten, aber er sagt auch: »Dies ist ein freies Land, Miss Fozzard. Wenn Sie sich auf ein Leben mit Hornhaut einrichten wollen, kann ich Sie nicht daran hindern.« Was dieser Mr. Dunderdale davon halten mag, wird sich herausstellen.

Als ich wieder nach Hause komme, hat Mrs. Beevers schon Hut und Mantel an, kann es gar nicht erwarten wegzukommen. Sagt, Bernard sitzt schon den ganzen Abend im Sessel und sieht fern. Sie hilft mir, ihn nach oben zu bringen, ich setze mich an sein Bett und berichte ihm, wie das Rehabilitationsprogramm vorschreibt, von meinem Tag.

Mr. Clarkson-Hall von der Neurologie sagt, wenn bei einem Patienten eine zerebrale Schädigung eingetreten ist, »laienhaft ausgedrückt, nach einem Schlaganfall, Miss Fozzard, dann muss man sich bemühen, ihn nicht wie ein Kind zu behandeln. Wenn Ihr Bruder seine geistigen Fähigkeiten wiedererlangen soll, dann ist es am besten, wenn er so viel Sprache wie möglich hört.«

Ich gebe gerade meine Unterhaltung mit Mr. Suddaby wieder, dass sie nach Scarborough übersiedeln, als Bernard plötzlich den Kopf zurückwirft und gähnt.

Heute Morgen habe ich Mr. Clarkson-Hall angerufen. Er meint, das ist ein Fortschritt.

Pause.

Ich vermisse meine Arbeit wirklich.

AUSBLENDEN.

Heute Abend suche ich gerade meine Sachen zusammen, um zu Mr. Dunderdale zu fahren, als

Bernard ein kleines Malheur passiert und er es schafft, seinen gesamten Blaseninhalt über die ganze Treppe zu verteilen. Mrs. Beevers lässt sich Zeit mit dem Kommen, und erst als ich ihn saubergemacht und auf den Topf gesetzt habe, klingelt es endlich. Nur dass es gar nicht sie ist, sondern ein Ehepaar von der Kirchengemeinde, das wegen Ruanda da ist. »Vergessen Sie mal Ruanda«, sage ich, »vielleicht können wir uns erst mal um naheliegende Probleme kümmern und einen Mann mittleren Alters von der Toilette hieven?« Wir schaffen ihn also nach unten und manövrieren ihn in seinen Lieblingssessel, zehn Zentimeter vorm Bildschirm.

Als sie weg sind, sage ich: »Mit der Fernbedienung kannst du selbst umgehen; wird langsam Zeit, dass du dich daran erinnerst, wie man sich selbst den Hintern abwischt.« Nicht das kleinste Zucken. Da ist man bei einem Schlaganfall natürlich angeschmiert: Man weiß nie, was ankommt und was nicht.

Als Mrs. Beevers endlich antanzt, ist sie eine halbe Stunde überfällig, ich muss die ganze Dyneley Road hinauflaufen, und als ich dann bei Mr. Dunderdale klingele, bin ich ganz erhitzt und mir sehr bewusst, dass meine Füße womöglich transpirieren. Worauf er sagt: »Wenn Ihnen das

Sorge macht, Miss Fozzard, dann kann ich Sie sogleich beruhigen, denn ich beginne meine Behandlung immer mit dem Auftragen eines sanften Adstringens.«

Eine sehr gepflegte Erscheinung, über siebzig, aber schönes volles Haar, und eins dieser großzügigen Häuser, von denen aus man das Cricketstadion sehen kann. Legt meine Füße auf ein großes Seidentuch, was ich sehr kultiviert fand; Mr. Suddaby hat immer die *Evening Post* vom Vortag genommen.

Er sagte: »Also, Miss Fozzard, ich brauche nur einen Blick auf diese Füße zu werfen und weiß, dass Sie viel Zeit darauf verbringen. Habe ich Recht?« »Haben Sie«, sagte ich. »Ich leite die Abteilung Inneneinrichtung bei Matthias Robinson's, oder vielmehr habe sie geleitet, bis mein Bruder krank wurde. Wenn Sie irgendwas in Cretonne suchen, sind Sie bei mir richtig.« »Darauf komme ich womöglich zurück«, sagte er, »aber zunächst möchte ich Ihnen zu Ihrer Schuhwahl gratulieren.« Ich sagte: »Eigentlich halte ich aus Prinzip Abstand zu Wildleder, weil es ein bisschen viel Pflege erfordert, aber manchmal zahlt sich die Mühe mit der Gummibürste aus.« Er sagte: »Ich sehe schon, wir hängen der gleichen Philosophie an. Wenn ich darf, beginne ich mit dem Nägelschneiden.«

Dann sagte er: »Ich habe natürlich gleich bei Ihrem Eintreten bemerkt, dass Sie berufstätig sind.« »Woran denn?«, fragte ich. »An Ihrer diskreten Accessoirewahl.« »Ja, was Mode angeht, bevorzuge ich eine konservative Ausrichtung«, sagte ich, »klassisch, aber mit Pep, wenn Sie verstehen, was ich meine.« »Aber ja doch«, sagte er. »Hier war eine Warze, aber die ist abgestorben. Wissen Sie, warum ich die Podologie als Beruf gewählt habe?« »Nein.« »Damit ich zu Füßen Tausender Frauen knien kann, ohne dass meine Frau etwas dagegen hat.« »Ah«, sagte ich. »Es gibt also eine Mrs. Dunderdale?« »Es gab eine«, sagte er. »Sie ist dahingegangen.«

Als er fertig war, rieb er meine Füße mit Mentholöl ein (offenbar aus Marokko) und sagte, es würde ganz leicht kribbeln, was gar nicht unangenehm war, und dann sagte er noch, meine Füße seien tipptopp in Schuss, der einzige Wermutstropfen ein womöglich drohender Pilzbefall zwischen zwei Zehen, auf die er ein wachsames Auge werfen wollte.

Er trug eine wunderschöne Strickjacke. »Ich hoffe, Sie entschuldigen meine Neugier«, sagte ich, »aber ist die Strickjacke aus Kaschmir?« »Fein beobachtet, Miss Fozzard«, sagte er. »Die haben Sie heute zum ersten Mal gesehen, aber sicher nicht zum letzten Mal. Darf ich Ihnen ein Glas lieblichen Sherry anbieten?«

Stellt sich heraus, dass er im Kirchenvorstand von St. Wilfred ist, früher Präsident des Rotary Clubs und eine Säule der Gesellschaft, wie es aussieht. Als er mich zur Tür bringt, sagt er: »Wenn Sie sehr brav sind, werde ich Sie beim nächsten Mal in die Geheimnisse des Mittelfußgewölbes einweihen.«

Darüber dachte ich im Bus nach, und als ich Mrs. Beevers ihr Geld gab, sagte ich ihr, dass sie nicht mehr zu kommen brauche, weil ich wieder arbeiten wolle und mir daher eine Dauerkraft suchen müsse. Bernard hat ein bisschen was zur Seite gelegt, und wenn das jetzt nicht die schlechten Zeiten sind, was dann?

Er sah wieder fern, ich schaltete das Gerät aus und berichtete von meinem Abend, wie Mr. Clarkson-Hall mir aufgetragen hat. Er sah ein bisschen widerwillig aus, aber ich sagte ihm: »Bernard, vom Billard im Fernsehen hat noch niemand wieder sprechen gelernt.« Ich habe ihm von Mr. Dunderdale erzählt, vom drohenden Pilzbefall zwischen meinen Zehen, von der Kaschmirstrickjacke und allem anderen.

Wie sagt Mr. Clarkson-Hall? »Miss Fozzard, es spielt keine Rolle, was Sie sagen, solange es sich um Sprache handelt: Sprache ist wie lauter Bälle, die aus verschiedenen Richtungen auf einen zufliegen.« Und es funktioniert tatsächlich. Ich hatte ihn ins Bett gebracht und wollte gerade die Tür zumachen, da hörte ich ihn sein erstes Wort sagen. Ich glaube, es war »Kuh«.

Als ich Mr. Clarkson-Hall anrief und es ihm erzählte, fragte er: »Wieso Kuh?« »Wahrscheinlich irgendeine Werbung im Fernsehen«, sagte ich.

Aber er war ganz meiner Meinung: ein Durchbruch.

AUSBLENDEN.

Heute war es ein klein wenig wärmer, also dachte ich mir, wenn ich meinen senfgelben Regenmantel anziehe, kann ich dazu die uralten, vorn offenen Sandalen tragen, die seit letztem Sommer nicht mehr an der Luft waren, als ich mit Joy Poyser eine kleine Spritztour nach Whitby gemacht habe.

Und Mr. Dunderdale konnte sich gar nicht wieder einkriegen. Sagte, so ein Paar habe er seit fünfzehn Jahren nicht mehr gesehen, und mit dem stützenden Fußbett und der ungehinderten Belüftung durch die offene Spitze sei das wohl der vernünftigste Schuh, der je ersonnen wurde. Ließ mich damit im Zimmer auf und ab gehen und hätte mich sogar fotografiert, nur konnte er seine Polaroid nicht finden. Ich nehme sie aber nächstes Mal wieder mit, damit wir das nachholen können.

Er möchte, dass ich alle vierzehn Tage komme, bis die Behandlung meines *tinea pedis* anschlägt, aber er will nicht mehr Honorar verlangen, und weil ich ja wieder arbeite und Miss Molloy sich um Bernard kümmert, ist das auch kein Problem.

»Nennen Sie mich Mallory«, hatte sie gesagt.

»Mallory? Was ist denn das für ein Name? Da wüsste ich gar nicht, ob es Mann oder Frau ist.«

»Ich bin Australierin.« Kräftiges Mädchen, sehr fähig. Und ausgebildete Krankengymnastin mit Diplom in Krankenpflege. Ist zwar australische Krankenpflege, aber ich nehme an, die ist genau so wie unsere, nur ohne das Schreckgespenst Unterkühlung.

Im Idealfall wäre mir jemand Älteres lieber gewesen oder zumindest jemand weniger Junges, aber wir wurden auch nicht gerade von Bewerbern überschwemmt, was mich etwas überraschte, weil ich dachte, das wäre doch ein hübscher Nebenverdienst für Rentner, obwohl sie natürlich körperlich fit sein müssten. Sie schmeißt Bernard durch die Gegend wie ein Daunenkissen. Kommt ursprünglich aus Hobart in Tasmanien; ich nehme an, England bietet mehr Beschäftigung auf dem

Pflegesektor als der Busch. Und sie und Bernard haben sich anscheinend gleich verstanden, sie sagt, sie mag seinen Humor. »Ist mir ja völlig neu«, habe ich zu Joy Poyser gesagt. »Wusste gar nicht, dass er einen hat.«

Ich habe Mr. Dunderdale die ganze Schlaganfallsaga erzählt, als er gerade ein Stückchen Hornhaut bearbeitete. »Was hat Bernard denn gearbeitet, Miss Fozzard?«, fragte er. »Um ehrlich zu sein, Mr. Dunderdale, er war Mörder«, sagte ich. »Ach«, sagte er. »Das ist ja ungewöhnlich.« Ich sagte: »Na ja, er war Tabakhändler, was aufs Gleiche hinausläuft. Süßigkeiten und Tabakwaren, ein kleiner Kiosk in Headingley.« »Oh ja, Tabak und Süßigkeiten«, sagte er, »das ist eine tödliche Kombination.« »Er hat geraucht, war übergewichtig und hat gern einen getrunken«, sagte ich. »Ich weiß, übermäßige Sorgen können auch ein Grund sein, aber wie ich schon zu Mr. Clarkson-Hall sagte, Sorgen hat er sich nie gemacht. Aber jetzt muss er natürlich dafür bezahlen. Die Ungerechtigkeit ist bloß, dass ich mitbezahlen muss.«

Mr. Dunderdale schaute von den Füßen hoch und sagte »Ja (er hatte meinen Fuß in der Hand), wenn es dreizehn Jünger gegeben hätte und nicht bloß zwölf, dann wären Sie dabei gewesen, Miss Fozzard.«

Diesmal ein grünes Seidentuch. Letzte Woche war es rot.

Aber so langsam kommen die Worte wieder, gar kein Zweifel, und wenn er mal nicht auf ein Wort kommen kann, dann lasse ich ihn machen, was Mr. Clarkson-Hall vorgeschlagen hat, nämlich es beschreiben, es umgehen sozusagen. Miss Molloy lässt ihn auch umschreiben und sagt, auf die eine oder andere Art kommen sie gut klar. Sie badet ihn jeden Tag und reibt ihn mit Babyöl ein, sie meint nämlich, beim Wundliegen ist Vorbeugen besser als Heilen.

Abends gehe ich immer noch zu ihm rein und berichte ihm meine Neuigkeiten. Mr. Dunderdale hatte gesagt, es sei doch schade, dass die Evolution so verlaufen sei, wie sie eben verlaufen ist, denn wenn sie anders verlaufen wäre, würden wir vielleicht unsere Füße genauso gut nutzen können wie unsere Hände, und bei der derzeitigen wirtschaftlichen Lage wäre das doch vielleicht genau das Richtige. Miss Molloy meinte: »Das ist ja interessant«, aber Bernard stöhnte bloß.

Mich persönlich überrascht es ja ziemlich, dass sie es mit ihm aushält, aber sie meint, für australische Verhältnisse ist er ein Gentleman.

Ich höre sie lachen.

AUSBLENDEN.

In der Inneneinrichtung geht es immer ein bisschen langsam los, darum schlendere ich meist erst mal rüber zur Auslegeware und plaudere mit Estelle Metcalf. Schöner wäre, wenn die Haushaltswaren neben uns lägen, dann wäre es nämlich Joy Poyser, denn Estelle ist zwar ganz in Ordnung, aber ein bisschen jung, große Brille und so, ihr Freund ist einer von diesen Leuten, die am Wochenende historische Schlachten nachspielen, die Rundköpfe gegen die Kavaliere und dergleichen.

Heute Morgen sage ich zu ihr: »Shiatsu.« »Wie bitte?«, fragt sie. »Shiatsu, was ist das wohl?«, frage ich. »Ein Tropenfisch?«, sagt sie. »Nein«, sage ich. »Vielleicht ein Pilz?«, sagt sie. »Nein«, sage ich. »Was von Mr. Dunderdale?«, fragt sie. »Wieso denn von Mr. Dunderdale?«, sage ich. »Weil bei Ihnen in letzter Zeit das meiste von Mr. Dunderdale kommt.« »Das habe ich überhört, Estelle«, sage ich. »Nur so viel: Es ist eine Art der Massage, die sich verschiedener Druckpunkte am Körper bedient und von den Japanern erfunden wurde.« Darauf sie: »Das ist ja schön und gut, hat sie aber auch nicht daran gehindert, Pearl Harbour zu überfallen, oder?« Ihr Neville belagert am Sonntag York und probiert seine neue Brustplatte aus.

Estelle fährt mit und spielt eine um Gnade flehende Hausfrau, die mit einer weißen Flagge aus der Stadt kommt.

In dem Augenblick kommt eine Kundin, die Überwürfe aus Seersucker sucht, und wir müssen unser Gespräch abkürzen. Ich rede doch nicht nur über Mr. Dunderdale. Und wenn doch, dann redet sie nur über Oliver Cromwell.

Ich gehe jetzt wöchentlich hin, obwohl Mr. Dunderdale immer noch nicht mehr Honorar fordert. Ich saß auf dem Sofa, während er seine Geräte wegräumte, und sagte: »Gute Nachrichten, Miss Fozzard. Den Fußpilz haben wir anscheinend besiegt, keine Spur mehr zu sehen. Ich glaube, darauf sollten wir noch mal einen Sherry nachschenken. Oder haben Sie es eilig?« »Nein«, sagte ich, »wieso?« »Na ja«, sagte er, »wir haben noch ein bisschen Zeit, und ich frage mich, ob ich Sie wohl überreden kann, ein Paar Stiefel anzuprobieren?« »Stiefel?«, fragte ich.

Darauf erklärte er: »Stiefel im weitesten Sinn. Die korrekte Bezeichnung wäre ein mit Fell gefütterter Derby-Halbstiefel aus Schrumpfleder, aber Stiefel ist eine hilfreiche Abkürzung. Die Farbe heißt Bengalisch Bronze.« Ich sagte: »Es sind jedenfalls wunderschöne Schuhe.« »Ja«, sagte er. »Warm und bequem, liegen schön an der Fessel, bilden einen herrlichen Abschluss für das Bein. Sind natürlich ein Geschenk.« »Aber Mr. Dunderdale«, sagte ich, »das kann ich nicht annehmen.« »Ich bitte Sie, Miss Fozzard«, sagte er. »Meine Kontakte in die Welt der Fußbekleidung gestatten mir beträchtliche Rabatte. Außerdem können Sie mir im Gegenzug einen kleinen Gefallen tun.« »Ach ja?«, sagte ich. »Ja«, sagte er. »Das jahrelange Beugen über Damenfüße hat zu einer gelegentlich schmerzhaften Fehlstellung im Lendenwirbelbereich geführt, die Sie, wenn Sie so freundlich sein wollen, die Macht zu lindern haben.« »Habe ich tatsächlich, Mr. Dunderdale?«, fragte ich. »Haben Sie, Miss Fozzard«, antwortete er. »Ich werde ein Kissen hier auf den Kaminvorleger platzieren, ein zweites hier für den Unterbauch, dann werde ich mich hinlegen, und nun möchte ich, dass Sie auf meine Lendenwirbel steigen.« »Soll ich zuerst die Stiefel ausziehen?«, fragte ich. »Nein, nein«, sagte er. »Lassen Sie die Stiefel an – ihre Sohlenfläche macht sie geradezu ideal für diesen Zweck. So ist es gut. Wenn Sie mögen, können Sie am Kaminsims das Gleichgewicht halten.«

Dann sagte er noch etwas, was ich nicht hören konnte, weil er das Gesicht in den Teppich drückte. »Wie war das, Mr. Dunderdale?« »Ich habe ›Hervorragend‹ gesagt, Miss Fozzard. Sie können sich auch ein wenig hin und her bewegen, wenn Sie wollen.« »Aber ich möchte Ihnen nicht wehtun, Mr. Dunderdale«, sagte ich. »Darum brauchen Sie sich keine Sorgen zu machen, Miss Fozzard«, sagte er. »Trampeln Sie nur.« Ich sagte: »Ich komme mir vor wie so ein französischer Bauer, der Trauben stampft.« »Ja«, sagte er. »Ja, ja.« Ich fragte: »Merken Sie schon, ob es besser wird?« »Ja«, sagte er, »oh ja. Vielen Dank. Wenn Sie nichts dagegen haben, Miss Fozzard, bleibe ich einfach noch eine Weile hier liegen. Vielleicht finden Sie ja allein zur Tür?«

Also ließ ich ihn einfach auf dem Kaminvorleger liegen.

Als ich nach Hause komme, sitzt Bernard mit Miss Molloy auf dem Sofa, und beide sind ein bisschen errötet. »Wir haben gerade gelacht«, sagt Miss Molloy, »weil Bernard ein Wort nicht eingefallen ist.« »Dann muss er lernen«, sage ich, »einen Weg drum herum zu finden, bis er's trifft.« »Oh, das hat er«, sagt sie. »Darin bist du doch Experte, was, Bernard?« Und beide brechen wieder in Gelächter aus.

Mr. Clarkson-Hall ist sehr zufrieden. Sagt, eine so schnelle Genesung hat er noch nie erlebt. Und dass er zwar nicht das Vergnügen hatte, Bernard vorher zu kennen, aber sich vorstellen kann, dass er wieder ganz der Alte ist. »Jawohl«, sage ich, »das ist er.«

Als Miss Molloy gegangen ist, kommt er ins Wohnzimmer, während ich mein Heißgetränk nehme, und sagt, er überlege, den Kiosk wieder aufzumachen, und Mallory werde ihm dabei helfen. »Hat Miss Molloy denn Erfahrung mit Süßigkeiten und Tabakwaren?«, frage ich. »Nein«, sagte er, »aber sie ist ein lebenslustiges Mädchen mit einem einnehmenden ›Wie-heißt-das-noch‹, und das ist schon die halbe Miete.«

Heute Morgen kam ein Brief von Mr. Dunderdale, dass es seinem Rücken viel besser geht und er sich schon freut, mich nächste Woche wiederzusehen.

Estelle hat auch Rückenbeschwerden, Nachwehen eines Wochenendes, als sie mal einen herrenlosen Schlachtspieß schwingen musste, bei der Schlacht von Naseby. Ich habe ihr also haargenau berichtet, wie ich Mr. Dunderdale mit seinen Rückenschmerzen geholfen habe, aber sie war kein bisschen dankbar. Hat bloß gekichert und gesagt: »Oho, stille Wasser!«

In der Auslegeware sollten sie doch eigentlich jemand Reiferen haben. Sie gehört in die Kosmetikabteilung.

AUSBLENDEN.

Ich weiß gar nicht, was in die Leute auf der Arbeit gefahren ist. Heute Morgen komme ich rein, und der Portier am Mitarbeitereingang, der mit dem Schnauzbart, sagt plötzlich zu mir: »Einen schönen Tag wünsche ich, Schätzchen.« Darauf antworte ich: »Auch wenn Sie nur einen Arm haben, Mr. Capstick, gibt Ihnen das noch lange nicht das Recht, mir den Hintern zu tätscheln.« Kurz darauf schreibe ich im Versand Rechnungen für abnehmbare Bezüge, als einer der Praktikanten – kann nicht älter als sechzehn sein – mir so albern zuzwinkert.

Ich sage zu Estelle: »Mein Viyella-Kostüm ruft normalerweise nicht solche Reaktionen hervor.« »Die wollen doch bloß freundlich sein«, sagt sie. »Freundlich?«, sage ich. »Estelle, ich bin vielleicht keine Feministin (auch wenn ich damals an vorderster Front für die Aufstellung von Duftschälchen auf der Damentoilette gekämpft habe), aber niemand tätschelt ungestraft meinen Hintern.« »Aber, aber«, sagt Estelle, »den Schuh müssen Sie sich doch nicht anziehen«, und fängt an zu kichern. »Also, wie sie irgendwen ernsthaft für PVC-Fußböden interessieren will«, habe ich zu Joy Poyser gesagt, »ist mir ein Rätsel.«

Als ich nach Hause komme, ist das ganze Haus dunkel. Ich vermute, sie sitzen beide miteinander im Wohnzimmer, aber als ich rufe, bleibt es mucksmäuschenstill. Also mache ich mir einen Tee und lese die *Evening Post.* Ist ganz schön, das Haus zur Abwechslung mal für sich allein zu haben.

Dann gehe ich ins Wohnzimmer, und da sitzt Bernard im Dunkeln. Ich knipse das Licht an, und er hat einen Atlas in der Hand. »Was sitzt du denn hier im Dunkeln?«, frage ich. »Ich suche die Malediven«, sagt er. »Und wieso?«, frage ich. »Du willst doch wohl nicht in Urlaub fahren?« »Bestimmt nicht«, sagt er. »Wie soll ich auch in Urlaub fahren, verdammt? Wovon denn?« Und er schiebt mir einen Kontoauszug hin.

Ich habe das Gefühl, er hat geweint, und ich weiß nicht recht, wo ich mich hinsetzen soll, also setze ich den Wasserkessel wieder auf, während ich mir den Kontoauszug genau anschaue. Es ist praktisch nichts mehr da, fast jeden Tag wurde Geld abgehoben. »Was ist das denn?«, habe ich ihn gefragt. »Das Flittchen aus Hobart«, sagte er. »Miss Molloy?«, sagte ich. »Aber die ist doch anerkannte Krankengymnastin.« »Genau«, sagte er, »aber sie betreibt noch ein anderes – wie heißt das noch – Gewerbe … waagerecht …?«

»Hast du diese Schecks unterschrieben?«, habe ich gefragt. »Natürlich«, sagte er. »Und wieso das? Wolltest du schreiben üben?« »Nein«, sagte er. »Und wo ist sie jetzt?«, habe ich gefragt. »Auf den Malediven, wo ich eigentlich sein wollte«, sagte er. »Wir müssen die Polizei einschalten«, habe ich gesagt. »Das ist doch Betrug, so was.« »Nein, ist es nicht«, sagte er. »Was hast du denn geglaubt, wofür diese Schecks sind?«, habe ich gefragt. »Ich habe gewusst, wofür sie sind«, sagte er. »Für geleistete Dienste. Und damit meine ich nicht, dass sie mich aufs Dingsda gehoben und wieder runtergehievt hat. Sondern andere Sachen, die sie für mich gemacht hat.« »Aber was denn für Sachen?«, habe ich gefragt. »Du weißt schon«, hat er gesagt.

»Denk dran, was Mr. Clarkson-Hall gesagt hat, Bernard«, sage ich. »Versuch das Wort zu umschreiben.« »Ich muss das Scheißwort nicht umschreiben«, sagte er. »Ich kenne das Wort. Aber du nicht. Du weißt ja gar nichts, verdammt.« »Na, eins sehe ich jedenfalls«, sagte ich. »Trotz deines Schlaganfalls scheinen dir die Schimpfwörter nicht entfallen zu sein.« »Scheiße, da hast du ganz Recht.«

Ich habe ihm Tee gekocht und gesagt: »Du hast dich zum Narren machen lassen.« »Du hast gut sprechen«, hat Bernard geantwortet. »Ich habe gut reden, meinst du wohl. Sprechen kann ich nämlich. Der Ausdruck heißt ›Du hast gut reden‹. Aber wieso eigentlich?« »Was du da mit deinem Fußbengel treibst«, sagte er. »Mr. Dunderdale?«, habe ich gesagt. »Was hat der denn damit zu tun?« »Diese komischen kleinen Spielchen und all das. Der ist doch offensichtlich … na …« »Na was?« »Na … Dingens.« »Du musst es umschreiben, Bernard. Es umgehen.« »Umgeh es doch selbst, du dumme … vier Beine, zwei Hörner, gibt Milch«, sagte er. »Kuh«, sagte ich. »Das fällt dir normalerweise ein.«

Als ich Joy Poyser davon erzählte, meinte sie: »Warum hast du ihm auch von dem Fußpfleger erzählt?« »Mr. Clarkson-Hall hat gesagt, ich soll mit ihm reden«, habe ich gesagt. »Das gehört zur Therapie.« »Aber nicht zur Therapie von Estelle Metcalf, oder?«, sagte Joy Poyser. »Der hast du es auch erzählt. Und die hatte keinen Schlaganfall.« Offenbar hat sie es im ganzen Kaufhaus verbreitet.

Ich bin jedenfalls nach oben gegangen und habe ihn heulend mit seinem Atlas sitzen lassen, und dann habe ich von oben plötzlich ein dumpfes Geräusch gehört. »Bernard?«, habe ich gerufen. »Bernard?«

Pause.

»Bernard!«

AUSBLENDEN.

Estelle hat sich gestern in die Inneneinrichtung getraut. Zum ersten Mal seit einer Woche. Wollte wohl mal das Klima testen. Hat mir erzählt, dass Neville am Sonntag an der Schlacht von Marston Moore teilnimmt. Sie fährt mit und spielt eine Marketenderin, aber sie brauchen auch noch ein paar abgerissene Matronen bei den Rundköpfen, ob ich Interesse hätte? »Das ist sehr freundlich, Estelle, aber ich glaube, es ist ratsamer, wenn ich mich ein bisschen zurückhalte.«

Die Leute wollen einfach nicht glauben, dass man ein richtiges Leben hat. Oder es soll jedenfalls bloß das Leben sein, das sie kennen. Und wenn sie es dann herausfinden, sind sie schockiert. Oder amüsiert. Ich hatte nie das Gefühl, ein eigenes Leben zu haben. Das hatte immer nur Bernard.

Diesmal ist es schlimmer als beim letzten Mal. Da ist er einem wenigstens noch mit Blicken gefolgt. Jetzt nicht mehr. Wie ein Stück Holz. Aber sonst gilt das Gleiche. Mit ihm reden. Ihn wie einen Menschen behandeln. Dabei hat er mich nie wie einen Menschen behandelt. Und die feine Dame liegt auf den Malediven am Strand. Ich habe ihn auf dem Kaminvorleger gefunden. Zehn Zentimeter weiter, und er wäre mit dem Kopf aufs Kamingitter geknallt. Glück gehabt.

Ich hatte an Mr. Dunderdale geschrieben und alle weiteren Termine abgesagt. Ich hatte nicht geschrieben, wieso, bloß dass es Bernard wieder schlechter gehe und es darum nicht mehr einzurichten sei. War es ja auch nicht.

Es war also alles wie vorher, ich passte auf Bernard auf und übernahm so hier und da kleine Arbeiten. Ich hatte ganz vergessen, wie lang ein Abend sein kann.

Jedenfalls komme ich eines Abends von der Arbeit nach Hause, da hält so ein großes bräunliches Auto neben mir, das Fenster geht runter, und wer sitzt drin? Mr. Dunderdale.

»Guten Abend, Miss Fozzard«, sagt er. »Kann ich Sie dazu verführen, mit nach Lawnswood zu kommen? Ich würde gern ein wenig plaudern.« Ich sage: »Können wir nicht hier plaudern?« »Nein«, sagt er, »nicht so, wie ich gern plaudern möchte. Ich stehe hier im Halteverbot.« Also steige ich ein, und er fährt mich zu sich nach Hause, und man kann ja über ihn sagen, was man will, aber er fährt hervorragend Auto.

Er setzt mich also in sein Arbeitszimmer, schenkt mir ein Glas Sherry ein und fragt, wieso ich nicht mehr zu ihm kommen will. Also, ich wusste gar nicht, was ich sagen sollte. »Es ist ja nicht so, dass ich mich nicht auf unsere Treffen freuen würde«, sage ich. »Nun, meine Liebe, ich freue mich auch darauf«, sagt er. »Aber weil ich jetzt wieder Bernard pflegen muss«, sage ich, »kann ich mir Ihr Honorar nicht mehr leisten.«

Darauf sagt er: »Darf ich einen Vorschlag machen? Wieso kehren wir das Arrangement nicht um?« »Wie bitte?«, frage ich. »Wir machen es umgekehrt«, sagt er. »Ich bezahle Sie.« »Das ist aber sehr ungewöhnlich«, sage ich. »Sie sind ja auch eine sehr ungewöhnliche Frau«, sagt er. »Bin ich das?«, frage ich ihn. »Wieso denn?« »Weil Sie ein freier Geist sind, Miss Fozzard«, sagt er. »Sie stellen Ihre eigenen Regeln auf.« »Ja, das denke ich auch gern«, sage ich. »Ich bin genauso«, sagt er. »Wir sind aus dem gleichen Holz geschnitzt, Sie und ich, Miss Fozzard. Wir sind eigensinnig. Haben Sie schon mal Champagner getrunken?« »Nein«, sage ich. »Aber ich habe schon gesehen, wie man es am Ende von Autorennen tut.« »Dann gestatten Sie mir«, sagt er. »Auf die Zukunft?«

Es ist alles ganz züchtig. Oft macht er uns nur ein Heißgetränk, und wir sitzen auf dem Sofa und blättern eins seiner vielen Bücher zu dem Gebiet durch oder unterhalten uns über verwandte Themen. Neulich habe ich mal erwähnt, ich hätte gelesen, dass Imelda Marcos sehr viele Schuhe gehabt habe. »Hatte sie wahrlich«, sagte er. »Und die Weltöffentlichkeit hat sie dafür scharf verurteilt, doch in meinen Augen zu Unrecht, Miss Fozzard.«

Wenn ich gehe, liegt auf dem Tisch im Flur ein kleiner Umschlag, der nie erwähnt wird, und wenn es zu außerordentlichen Gefälligkeiten gekommen ist, ist auch ein wenig mehr drin. Er kauft mir jede Menge Schuhe, auch andere Fußbekleidung. Ich frage mich die ganze Zeit, wo das alles enden soll, aber über diese Planke laufen wir erst, wenn wir dort sind.

Ich war nie besonders gut darin, Dinge zu beeinflussen. Ich habe immer geglaubt, die Dinge passieren, oder sie passieren nicht. Was meistens heißt, dass sie nicht passieren. Aber jetzt sind sie doch passiert ... sozusagen.

Bernard kriegt jetzt einen Pflegezuschuss, und damit und mit den Umschlägen von Mr. Dunderdale kann ich wieder arbeiten und jemanden bezahlen, der sich um ihn kümmert. Einen Mann diesmal. Mr. Albright. Rentner. Ist froh, was zu tun zu haben. Anständiger kleiner Bursche, interessiert sich sehr für Eisenbahnen und meint, er könnte Bernard in die Geheimnisse des Schachspiels einweihen. Aber natürlich muss Mr. Albright für Schwarz *und* Weiß ziehen.

Einmal habe ich zu Mr. Dunderdale gesagt: »Die Leute könnten dies hier sehr eigenartig finden, gerade in Lawnswood.« Worauf er antwortete: »Dann lägen die Leute aber falsch. Wir sind einfach Enthusiasten, Miss Fozzard, Sie und ich, und es gibt heutzutage in der Welt viel zu wenig Enthusiasmus. Wenn also diese Gummistiefel gut sitzen, dann möchte ich Sie bitten, damit ganz gemächlich, so langsam Sie mögen, ein wenig auf meinem Hinterteil zu spazieren.«

Manchmal macht er dazu Musik an. Einmal habe ich bemerkt: »Dann ist es ja beinahe so was wie Aerobic.« »Wenn Sie wollen«, hat er gesagt.

Es ist komisch, aber die Einzigen, die unter diesem Arrangement zu leiden haben, sind meine Füße, denn die eigentliche Fußpflege kommt neuerdings ein bisschen kurz. Wenn ich mal eine gründliche Wartung haben möchte, muss ich richtig streng werden.

Wir nennen uns immer noch Mr. Dunderdale und Miss Fozzard, und ich habe zu keiner Menschenseele auf der Arbeit ein Wort gesagt. Da habe ich meine Lektion gelernt.

Aber jedenfalls sagen mir die Leute dauernd, wie gut ich aussehe.

Pause.

Ich nehme an, es gibt ein Wort für das, was ich tue, aber … ich umgehe es.

AUSBLENDEN.

NÄCHTE IN SPANISCHEN GÄRTEN

Eine schlichte Wohnzimmerwand in einem Vorstadtheim. Rosemary ist eine Frau mittleren Alters aus der Mittelschicht und sitzt auf einem Stuhl.

Normalerweise wird in dieser Gegend niemand umgebracht; es sind fast alles freistehende Einfamilienhäuser, man hört nicht mal eine erhobene Stimme. Ich brauchte also einen Moment, bis ich begriff, was sie sagte.

»Tot?«, habe ich gefragt. »Herzinfarkt?« »Oh nein«, hat sie gesagt. »Nichts dergleichen. Gucken Sie mich doch mal an, ich bin barfuß.«

Ich kenne sie eigentlich kaum, wir grüßen uns bloß, aber sie haben einen herrlichen Magnolienbaum, darum rief ich ihr einmal zu, als sie im Garten war: »Sie haben aber mehr Glück mit Ihrer *Magnolia grandiflora* als ich.« Aber sie lächelte bloß und sagte: »Ja.« Da ich mir keine weitere Bemerkung aus dem Ärmel schütteln konnte, war dies das Ende der Unterhaltung. Passiert mir dauernd, ich fange ein Gespräch an, aber kann es nicht am Laufen halten.

Die Frau ist so mittelblond, sieht ein bisschen mitgenommen aus. Ein hübsches, aber irgendwie müdes Gesicht. Sie kommt raus auf die Straße, wartet, bis ich zu ihnen ans Tor komme, und sagt: »Ich weiß, wir kennen uns kaum, aber mit Mr. McCorquodale stimmt was nicht.«

Ich war eigentlich in Eile, weil ich den Bus um fünf vor neun kriegen und bei Sainsbury's einkaufen wollte, aber ich kam mit rein. »Ging es ihm nicht gut?«, fragte ich. »Nein«, sagte sie. »Ich habe das Gefühl, er ist tot. Kommen Sie doch herein … es ist bloß, Mrs. Horrocks … er hat keine Hose an.« »Ach, wissen Sie«, sagte ich, »ich helfe zweimal die Woche im Hospiz aus, das ist kein Problem.« Aber um ehrlich zu sein, schiebe ich bloß den Essenswagen herum, ich war noch nie dabei, wenn jemand tatsächlich abgetreten ist, und sie glauben auch, ich sei noch nicht bereit, Trost zu spenden.

Sie trug ein schönes Leinenkleid, ganz schlicht. Ich glaube, sie hatte womöglich getrunken.

Er lag auf dem Rücken auf dem Teppich, so ein haariges, flauschiges Ding, und von irgendwo hinter seinem Kopf quoll Blut und wer weiß was noch heraus. Und das Schreckliche war, dass ich als Erstes dachte, also den Fleck kriegt sie nie wieder weg.

Er hatte einen von diesen grünen knappen Slips an, ich hätte gedacht, für jemanden im Ruhestand wären die ein bisschen zu jugendlich, aber Henry ist genauso, setzt sich plötzlich in den Kopf, er müsste Sachen tragen, die er für ein bisschen peppiger hält. Synthetiksocken. »Darf ich ihn wohl anfassen?«, habe ich gefragt. »Können Sie, wenn Sie wollen«, hat sie gesagt, »aber er ist tot. Ich sitze schon eine Stunde hier und schaue ihn an.« »Er hat die Unterhose verkehrt herum an«, habe ich gesagt. »Ach, das ist meine Schuld«, hat sie gemeint. »Ich dachte, ich ziehe sie ihm besser an, ehe ich jemanden hereinhole.«

Er hatte eine kleine Tätowierung, nicht weit vom Bauchnabel, und mir fiel ein, als sie einzogen, hatte Henry mir erzählt, dass er irgendwas mit Verkaufsautomaten mache.

»Was meinen Sie«, habe ich gefragt, »hat er sich den Kopf aufgeschlagen?« »Oh nein«, hat sie gesagt. »Ich habe ihn erschossen. Die Pistole habe ich wieder weggelegt.« Sie zieht eine Schublade der Anrichte auf, und da liegt sie neben den Tischsets und Spielkarten. Er hatte eine Pistole, weil er wohl mal in Malaysia war.

Mein erster Impuls war, Henry anzurufen und ihn zu fragen, was ich tun solle, aber das war mir zu aufreibend. Und den Notruf zu wählen, traute ich mich nicht, weil ich nicht sicher bin, was genau einen Notfall darstellt. Aber ich dachte mir, wenn sie schon eine Stunde hier sitzt, kann ich ihr auch erst noch einen Tee kochen, und als ich den Kessel volllaufen ließ, habe ich gefragt: »Die Polizei war wohl noch nicht da, oder?« »Nein«, hat sie geantwortet. »Wieso?« »Ich dachte nur«, habe ich gesagt.

Aber auf der Abtropffläche lagen Handschellen.

AUSBLENDEN.

Eine andere Wand.

Der Polizist hatte Probleme mit dem Schreiben. Großer Bursche, hübsche Ohren, aber die Rechtschreibung war verheerend.

Als ich ihn fragte, was er wohl glaube, was passiert sei, sagte er: »Na ja, das ist die Ehe, nicht wahr, die Spannungen, der Stress. Bloß dass wir bei älteren Menschen eigentlich nicht mehr damit rechnen, normalerweise sind sie bis dahin schon drüber weg. Und es ist auch noch ein bisschen früh am Tage. Die meisten Leute bringen doch lieber erst das Frühstück hinter sich, ehe sie anfangen, um sich zu schießen.«

Ich unterschreibe gerade meine Zeugenaussage, als Henry nach Hause kommt und natürlich alles in die Länge zieht. »Ich weiß nicht, ob Mrs. Horrocks das wirklich so meint. Am Telefon hast du doch zu mir gesagt, junge Dame ...« »Henry«, sage ich. »Du warst nicht dabei.« Der Polizist zwinkert und sagt: »Na, na, wir wollen doch nicht noch eine Schießerei anzetteln, was?«

Ich meine, zuerst wusste Henry gar nicht, um wen es ging. »Doch nicht die mit dem Chow-Chow?«, hat er gefragt. »Nein, das sind die Broadbents.« Er sitzt also ein bisschen herum, pfeift leise vor sich hin, dann geht er nach oben und hockt sich vor den Computer.

Als der Polizist wieder weg war, bin ich raufgegangen, habe mich entschuldigt und Henry gefragt, ob er meinte, dass da irgendwas gelaufen sei. »Wie meinst du das?«, hat er gefragt. »Na ja«, habe ich gesagt, »unter dem Leinenkleid hatte sie nichts an.« Jegliche Andeutung in dieser Richtung ist Henry natürlich peinlich, er ist so ein Unschuldslamm. »Rosemary«, hat er gesagt. »Ich weiß ja nicht, was du glaubst, in was für einer Welt wir leben, aber ich bin sicher, dass es eine ganz und gar vernünftige Erklärung für alles gibt. Und bis dahin wollen wir nicht vergessen, dass gerade jemand gestorben ist. Es tut mir nur leid, dass gerade du vorbeikommen musstest, es wäre mir nämlich lieber gewesen, wenn du da nicht hineingezogen worden wärst.«

Später bin ich losgegangen, um von der Tankstelle Milch zu holen, und vor Nr. 17 standen immer noch ein oder zwei Reporter herum, und ein ganzer Ast der Magnolie war abgebrochen. Einer von ihnen sagte: »Sind Sie eine Nachbarin? Kannten Sie die McCorquodales?« Ich habe bloß den Kopf geschüttelt und nichts gesagt, also ruft mir einer hinterher: »Das sind Sie der Gesellschaft schuldig.« Da habe ich mich umgedreht und gesagt: »Und Sie sind der Gesellschaft schuldig, keine Äste von anderer Leute Magnolien abzubrechen.« Genau in dem Augenblick macht natürlich ein Fotograf ein Bild, das am nächsten Morgen in der Zeitung ist, ich sehe aus wie eine Verrückte, und die Unterschrift lautet: »Das wahre Gesicht der Vorstadt.« Aber das wahre Gesicht der Vorstadt hat Henry gemacht, als er das Bild sah.

Nachts bin ich aufgewacht und hörte ihn leise vor sich hin pfeifen. »Denkst du an Mrs. McCorquodale?«, habe ich ihn gefragt. »Nein«, hat er gesagt, »ich denke an das Haus. Die Preise sind sowieso schon gefallen, und durch die Sache wird es sicher nicht besser.« Er hat mir von seinem Bett aus die Hand gereicht. »Du darfst dich bitte nicht zu sehr aufregen, aber wenn wir nicht mindestens 175 000 kriegen, müssen wir uns von Marbella verabschieden.«

Ich frage mich die ganze Zeit, ob ich jemandem von den Handschellen hätte erzählen sollen.

AUSBLENDEN.

Rosemary sitzt im Wintergarten.

Ich hatte mein kurzes grünes Kostüm angezogen, das habe ich wenigstens schon oft genug getragen, aber als ich nach unten kam, hat Henry gefragt: »Ach, das willst du anziehen?« Also bin ich gleich wieder rauf und habe das schwarze angezogen. Wäre aber nicht nötig gewesen, es war alles ganz informell, der Polizist war in Hemdsärmeln, irgendein Staatsanwalt ist mit mir meine Aussage durchgegangen, völlig desinteressiert. Ich habe ihr ein wenig zugelächelt, sie durfte die meiste Zeit sitzen bleiben; sie sah blass aus.

Hat auf »nicht schuldig« plädiert, was man offenbar tun muss, auch wenn alle wissen, dass man es getan hat, aber dann hat ihr Anwalt so eine

Liste vorgelesen, was man alles an Mrs. McCorquodale festgestellt hat, als sie festgenommen wurde, alte Knochenbrüche, frische Verbrennungen von Zigaretten, ein halbausgeschlagener Zahn. Ein zweiter Anwalt sprang auf und fragte: »Waren weitere Personen beteiligt?« Sie hat verneint, und er hat gemeint, er wolle das zu diesem Zeitpunkt nicht weiter verfolgen. Am Ende kam heraus, dass ihr nun der Prozess gemacht wird.

»Muss sie das jetzt alles noch einmal durchmachen?«, habe ich Henry gefragt. »Aber sicher«, hat er gesagt. »Das ist erst der Anfang.«

Heute Nachmittag kam eine Polizistin vorbei und fragte, ob ich psychologische Hilfe benötige. Steht mir offenbar zu, weil ich eine Leiche gesehen habe, und hätte ich auch schon früher bekommen sollen, aber dann ist so ein Ausflugsbus von der Straße abgekommen, und da hat sich einiges aufgestaut.

Ein ganz freundliches Mädchen, nur dass sie ein bisschen viel davon erzählte, was sie schon alles Schreckliches gesehen hätte, Unfälle und Gewalttaten und so weiter, sodass meine eine Leiche mir im Grunde ganz gewöhnlich vorkam. Aber vielleicht gehört das schon zur psychologischen Hilfe. Wir saßen im Garten und tranken Tee. Bei den Keksen schlug sie richtig zu; hat ungefähr ein Dutzend mit Vanillecreme gefüllte verschlungen. Es sei doch schön, meinte sie, dass alles so zivilisiert zugegangen sei, und ob ich schon mal eine nackte Leiche gesehen hätte?

Sie wollte gerade gehen, da dreht sie sich nochmal um und sagt: »Mrs. Horrocks, als ich diese psychologische Fortbildung gemacht habe, da habe ich auch gelernt, dass es hilft, den Dingen von Anfang an ins Auge zu sehen.« »Ja«, sage ich, »ich habe die Leiche auch angeschaut; ich habe sie sogar berührt.« »Das schon«, sagt sie, »aber wenn die Polizei zu graben anfängt, was sie ja müssen, dann kommt vielleicht noch mehr Belastendes zutage.« »Graben?«, habe ich gefragt. »Bildlich gesprochen«, sagt sie. »Wieso sollte mich das belasten?«, habe ich gefragt. »Alles spricht dafür«, sagt sie, »dass es Sie nicht belasten muss. Aber die Möglichkeit besteht immerhin. Es kommen Dinge ans Licht. Sie sollen bloß wissen, dass ich für Sie da bin. Ich habe so einen Pieper.«

Zu Henry habe ich gesagt: »Ist doch nett, dass sie so besorgt ist.« »Dafür ist sie ja da«, hat er gesagt. »Leider.«

Gestern war ein Artikel in der *Mail*, die ich immer für ein bisschen kultivierter gehalten habe, aber über diesen Fall steht lauter albernes Zeugs drin, »Was geschieht wirklich hinter den gepflegten

Ligusterhecken?« und dergleichen. Zu Henry habe ich gesagt, die haben doch überhaupt keine Ahnung. In der ganzen Straße gibt es keine einzige Ligusterhecke. Meistens Buche, ein oder zwei Leyland-Zypressen. Er meinte, das sei vielleicht nicht das Entscheidende, und für einen Reporter sei eine Hecke ohnehin bloß was zum Hindurchspähen.

Aber wo wir schon von Kultiviertheit reden, da sie ja nun in Untersuchungshaft sitzt, sieht ihr sonst so makelloser Garten langsam ein bisschen … na ja … struppig aus. Vor der Terrassentür hinten hat sie einen Kräutergarten, und der Borretsch schießt total ins Kraut, schon über die Einfassung hinweg. Ich wäre zu gern mal rübergegangen und hätte ihn zurechtgestutzt.

Henry wollte ich eigentlich nicht fragen, weil ich sicher war, er würde so was sagen wie »Ganz ehrlich, Rosemary, das halte ich nicht für ratsam«, aber nein, tatsächlich hat er sich auch schon so etwas gedacht, bloß aus ganz anderen Gründen: Er meint, wenn wir auch nur in die Nähe unseres geplanten Verkaufspreises kommen wollen, dann ist ein verwilderter Garten das Letzte, was wir gebrauchen können.

Das Ende vom Lied ist also, dass ich jetzt immer mit meiner guten alten Gartenschere ein paar

Häuser weiter gehe. Dachte mir, ich schneide den Mohn zurück, jetzt, wo er geblüht hat, damit die Schafgarbe ein bisschen Luft kriegt. Ich hatte natürlich kaum mein Kniekissen hingelegt, als auch schon Miss Lumsden herauskommt, mit einer nicht sehr überzeugenden Limonadeflasche in der Hand auf dem Weg zum Flaschencontainer. Will wissen, ob vielleicht ein paar von den Duftwicken ausgedünnt werden müssten. Ich sage, dass ich welche pflücken und mit ins Hospiz nehmen wollte. »Was für eine nette Idee«, sagt sie. »Manche Leute hätten vielleicht ein komisches Gefühl dabei, aber denen dort ist wahrscheinlich schon alles egal.«

Und natürlich jede Menge Witze. So in die Richtung wie Mr. Pemberton: »Wen muss ich denn erschießen, damit Sie mir den Garten machen?« Nach einer Weile ist mir das Lächeln ein bisschen eingefroren. Nur Sheila Blanchard kam tatsächlich dazu und half mir, die Rabatten zu jäten. Die sagte, sie könne es gut nachvollziehen. »Mal ehrlich, Rosemary, Ehemänner – wer braucht die?« Ich sagte, sie könnten auch ein Trost sein. »Ach wirklich?«, meinte sie. »Reggie nicht. Wenn da wer trösten muss, dann ich. Wie ist denn Ihr Henry so?« »Ach«, habe ich gesagt, »sehr …«, und dann habe ich so ein blödes Wort gesagt, »sehr rücksichtsvoll.« Ich habe sie lächeln sehen, und sie ist schon eine ganz nette Frau, aber ich weiß genau, morgen weiß das die ganze Straße.

Aber er ist wirklich rücksichtsvoll. Ein bisschen ängstlich, könnte man sagen. War er schon immer. Manchmal wünsche ich mir, er wäre es weniger.

Was ich Henry nicht erzählt habe: dass ich Mrs. McCorquodale einen Brief ins Gefängnis geschrieben und ihr berichtet habe, was ich im Garten tue. Ich schreibe ihr jetzt jeden Tag, habe ihr sogar schon Bilder geschickt. Heute habe ich ihr erzählt, dass ich ein Auge auf den Frauenmantel geworfen habe, *Alchemilla mollis*, eine reizende Pflanze, aber gelegentlich muss man ihr die Leviten lesen.

Heute Nachmittag hat sie angerufen, um sich zu bedanken. Ich wusste gar nicht, dass man im Gefängnis telefonieren kann. Sie heißt Fran.

»Liebe Fran …«

AUSBLENDEN.

Der Wintergarten.

Ich habe Henry falsch eingeschätzt. Dreißig Jahre verheiratet, da denkt man doch, dass man jemanden in- und auswendig kennt, aber nein. Seit die Sache losging, hat er sechs Pfund abgenommen –

und ist keinen einzigen Tag ins Büro gegangen. Ich dachte mir: Also, du bist doch ein besserer Mensch, als ich je geglaubt hätte. Zu Fran habe ich gesagt: »Er macht sich mehr Sorgen um Sie, als er sich je um mich gemacht hat.« Ich meine, an dem Tag, als ich meine Ultraschalluntersuchung hatte, ist er zu einem Golfturnier gefahren.

Zur Belohnung habe ich die Broschüren von Marbella hervorgekramt, das schien ihn ein bisschen aufzumuntern.

Vor Gericht allerdings ist alles ans Licht gekommen. Hat sich herausgestellt, dass sie bei ihrem Mann ein echtes Hundeleben hatte. Wortwörtlich. Die Verteidigung hat die Leine und das Halsband als Beweismittel vorgelegt. Er hat sie geschlagen, sie terrorisiert. »Es ergibt sich ein Bild fortgesetzter und einfallsreicher physischer Grausamkeiten«, wie sich ein Anwalt ausdrückte.

Die Staatsanwaltschaft geht natürlich auf sie los und behauptet, das seien alles sexuelle Rollenspiele gewesen, sie selbst habe Gewalt gemocht. Sie allerdings sagt, bei gegenseitigem Einverständnis hätte es ihn nicht gereizt. Und überhaupt, wie könne man sich in gegenseitigem Einverständnis den Arm brechen lassen?

Jede Menge schmuddeliger Details, dass er ihr zum Beispiel gelegentlich eine Kapuze über den

Kopf gezogen habe, damit sie nichts sehen konnte, und andere Leute zum Zuschauen mitgebracht habe. Geschäftspartner, wie sie glaubte. Führende Köpfe aus der Verkaufsautomatenbranche.

Henry meint, sie habe noch Glück, in der gleichen Woche würde noch ein anderer Fall in Liverpool verhandelt, ein Mann sei angeklagt, ein Kind umgebracht zu haben, das nehme sie ein wenig aus dem Rampenlicht.

Die durchgedrehten Radikalfeministinnen, wie Henry sie nennt, waren natürlich im Gerichtssaal stark vertreten, riefen sogar manchmal von der Empore dazwischen. »In gewissem Maße unverantwortlich«, sagte Henry. »Wie mildernd die Umstände auch sein mögen, Rosemary, sie muss auf jeden Fall mit einer Freiheitsstrafe rechnen.« Und als der Richter sie zu nur zwei Jahren verurteilte, bekam er natürlich Feuer von den Verfechtern von Recht und Ordnung. Aber wie sagte Sheila Blanchard: »Das ist jede Minute hinter Gittern wert, wenn Sie mich fragen, meine Liebe. Zwei Jahre Körbe flechten, und schon hat man das Bett für sich allein. Ist doch geschenkt. Wenn ich doch bloß eine Pistole hätte. So kann ich nur auf seine Prostata hoffen.«

Jetzt, wo sie verurteilt ist, kann ich sie nicht mehr so oft besuchen. Henry weiß überhaupt nicht, dass ich hinfahre. Ich hatte nie eine beste Freundin, der man alles erzählen kann. Ich hatte nie eine, ich war auch nie eine, nicht mal als junges Mädchen. Bin wohl nicht der Typ dafür. Habe auch keine Geheimnisse zu erzählen. Und Kinder habe ich nicht, zu *dem* Club gehöre ich also auch nicht.

Sie sitzt in Rissington, von hier aus hinter York. Eins dieser modernen Gefängnisse, sieht eher aus wie ein Gewerbepark oder ein Einkaufszentrum auf der grünen Wiese. »*Crime Centre*«. Sie hat dem Gefängnisgarten, der vorher eher praktisch war, Kohl und Salat und so was, ein ganz und gar neues Gesicht gegeben.

Sie hat jetzt für Zwischenpflanzungen gesorgt, es sieht sogar ein bisschen nach französischem Gemüsegarten aus … es wird zwar kein zweites Sissinghurst werden, dafür ist es zu windig … aber es ist doch meilenweit davon entfernt, wie es früher aussah. Sie hat sich vorgestellt, den Garten irgendwann der Öffentlichkeit zugänglich zu machen, aber das ist natürlich schwierig, weil es ja ein Gefängnis ist. Wir setzen uns auf eine Bank im Garten, und sie fängt an, mir zu erzählen, zu was er sie alles gezwungen hat. Sie meinte, ich sollte es wissen, falls ich sie dann vielleicht nicht mehr besuchen wollte. »Sei doch nicht albern«, habe ich gesagt. Aber es sind wirklich schreckliche

Dinge, ich wusste gar nicht, dass Leute so etwas tun. Und sie die Kapuze überm Kopf, und andere Männer, die schweigend zusehen. Sogar mehr als nur zusehen.

Einer von ihnen hatte eine komische Angewohnheit … und ich wusste, was sie sagen würde, eine Sekunde, bevor sie es tatsächlich sagte … die komische Angewohnheit, leise vor sich hin zu pfeifen.

Pause.

Das machen natürlich viele Leute.

AUSBLENDEN.

Küche.

»Ich habe gesehen, das Mordhaus wird verkauft«, ruft mir Sheila Blanchard heute Morgen zu. »Die haben ein Schild aufgestellt. 160 000 wollen sie haben.« Ich verriet ihr nicht, dass ich es schon wusste, sogar dass es schon verkauft ist. Eine asiatische Familie, sagt Fran, ziemlich wohlhabend, besitzt eine Kette von Elektrogeschäften. Tja, dachte ich, das wird Marbella auch nicht weiterhelfen. Armer Henry. Golf mit Jimmy Tarbuck wird immer fraglicher.

Ich schaue ihn jetzt oft an, den einstigen Zuschauer, vielleicht macht er es immer noch, wer weiß, irgendwo anders. Und ich denke mir … Also, manchmal denke ich bloß: »Du stilles Wasser.« Dann wieder muss ich an Fran denken und werde wütend. Neulich abends hat er mich ertappt, wie ich ihn anstarrte, und hat gefragt: »Was schaust du denn so, junge Dame?« Wie zu erwarten, habe ich »Ach, nur so« geantwortet. »Du grübelst in letzter Zeit ein bisschen viel«, hat er da gesagt und mir das Knie getätschelt. *(Sie verzieht das Gesicht.)*

Tatsächlich hatte ich mich gefragt, ob er mich wohl all die Jahre am liebsten nackt auf allen Vieren durchs Schlafzimmer hätte kriechen sehen. Auch nicht schlimmer als Pflanzensetzen, nehme ich an, aber wenn ich das heutzutage machte, müsste ich meine Knieschützer tragen, und das würde der Sache sicher etwas den Reiz nehmen.

Aber dann fallen mir Leine und Halsband ein, und ich denke mir: Eigentlich war meine Ehe genauso, immer wurde ich mitgezogen. Ich meine, was ist Marbella denn sonst?

Wir haben uns nie darauf geeinigt, wie wir es nennen sollen, das war auch Teil des Problems. Durch den Garten bin ich daran gewöhnt, dass die Dinge einen gewöhnlichen Namen und einen lateinischen haben. Aber beim Sex schien Henry keiner von beiden zu passen. Jedenfalls nicht, wenn er von mir kam. Da wurde er bloß verlegen.

Er hat keine Ahnung, dass ich sie besuche. Ich sage immer, ich gehe ins Hospiz. Ihre Gemüsezucht macht ungeheure Fortschritte; sie hat ihre Zwiebeln schon bei Gartenschauen eingereicht, und die Tomaten werden auf dem Markt verkauft. Sie verbringt jede freie Minute dort, na ja, frei natürlich nicht direkt. Wenn wir uns allerdings am Tor verabschieden, habe ich eher das Gefühl, dass ich ins Gefängnis zurückkehre.

Einmal im Monat lässt man sie für einen halben Tag raus, und wir verbringen den Nachmittag miteinander und machen alles Mögliche. Natürlich besichtigen wir Gärten, aber wir waren auch schon bei Auktionen oder auf Flohmärkten. Und in alten Kirchen, die mich nie sonderlich interessiert haben, aber Fran weiß eine Menge darüber. Eine Kirche stand mitten auf dem Feld, wo mal in der Nähe eine Schlacht stattgefunden hatte. Dann sitzen wir auf einer Kirchenbank, und sie erklärt mir die architektonischen Besonderheiten. Und manchmal denke ich, dass ich in meinem ganzen Leben noch nicht so glücklich war.

Jetzt beim letzten Mal hat sie meinen Arm genommen, als wir ein paar Stufen von der Fountains Abbey hinabgingen, und als wir unten waren, hat sie nicht wieder losgelassen. Das war wie damals als junges Mädchen, als ein Junge dasselbe getan hat. So ein kühner Schritt. Und so ernst gemeint.

Und ich habe gedacht, da gehst du untergehakt mit einer Frau, die ihren Ehemann ermordet hat. Aber laut gesagt habe ich: »Ich weiß, was das hier ist.« »Was denn?«, hat sie gefragt. »Das Leben«, habe ich gesagt.

Heute fühlte sie sich nicht so auf dem Damm, also sind wir dageblieben, haben uns auf dem Gelände irgendwo hingesetzt, und sie hat wieder meine Hand gehalten. Nächste Woche muss sie nach York, zur medizinischen Untersuchung. Ich dachte, ich könnte vielleicht hinfahren und am Krankenhaus warten, ob ich sie zufällig erwische, aber sie wird von einer Aufseherin begleitet, also lasse ich es.

Die hat sie mir geschenkt.

Sie hat eine große Tomate in der Hand, die sie sich an die Wange hält.

AUSBLENDEN.

Die Mauer eines Innenhofs. Eine warme südliche Nacht. Grillen und dergleichen.

Ich habe noch nie einen Garten von Grund auf neu anlegen müssen. Es gibt überhaupt keine Struktur. Flach, quadratisch, steinig – sieht aus wie so ein »Vorher«-Bild in der Gartenzeitschrift. Oder ein Gefängnishof.

Rasen kommt bei dieser Hitze kaum infrage, und die Wasserversorgung ist auch ziemlich eigenwillig, auch wenn Henry sagt, die Grüns auf dem Golfkurs seien tadellos. Und letzte Woche hat er Sean Connery getroffen. Ich sitze also hier, sehe den Garten an und zeichne Pläne. »Betrachte es als Herausforderung«, sagt Henry. »Du wirst das schon schaffen, junge Dame«, sagt er. »Ich kenne dich doch.« *(Ihre Worte klingen jetzt ziemlich gebrochen, unzusammenhängend.)*

Sie ist gestorben, Fran meine ich. Eine Menge Hin und Her, bis sie es endlich herausgefunden hatten. Hat uns beide nicht überrascht. Ärzte. Das Erste, worauf man selbst kommt, fällt ihnen als Letztes ein. Und dann war es natürlich zu spät. »Ach, es wäre immer schon zu spät gewesen, Mrs. Horrocks.«

Am Ende war sie im Hospiz, da wusste ich natürlich, wie es läuft. Ich habe immer ihre Hand gehalten und geküsst. Und sie hat meine Hand geküsst. Wir haben davon geredet, ein kleines Gartencenter aufzumachen.

Das Beste, was passieren konnte, hat Henry gesagt. Da hätte ich meine Koffer packen sollen. Stattdessen bin ich raus und habe mich eine Weile ins Gewächshaus gesetzt. Typisch.

Manchmal setzt er so eine Mütze mit großem Schirm auf, wie die Jungen sie heute tragen. Der Sonne wegen, sagt er. Neulich habe ich ihn ertappt, wie er sie verkehrt herum aufhatte. Ich nehme an, das nennt man »nochmal aufleben«.

Angeblich leben hier viele Kriminelle. Bankräuber und dergleichen, die nicht wieder zurückkönnen und den ganzen Tag Golf spielen.

Ist natürlich genau das, was in einem Theaterstück passieren würde. Fran hat ihn erschossen, also muss sie dafür büßen. Bloß rennen hier jede Menge Leute herum, die nicht büßen mussten. Es sei denn, man betrachtet es schon als Strafe, hier zu sein.

In den Gartenbüchern ist immer die Rede von Pflanzen, die angeblich Schatten lieben.

Ich glaube das nicht. Ich glaube nicht, dass irgendwas Schatten lieben kann. Sie kommen gut im Schatten zurecht, das stimmt. Aber wenn man ihnen bloß … *(es folgt eine sehr lange Pause),* wenn man ihnen ein bisschen Sonne gönnt, dann blühen sie plötzlich auf.

Nachts sitze ich hier, lausche den Fröschen und Grillen und Henry, der leise vor sich hin pfeift.

AUSBLENDEN.

DIE HAND GOTTES

Celia, eine Frau mittleren Alters, sitzt am Kopfende eines Refektorientisches. An der Wand sieht man unterschiedliche Schmuckteller, daneben eine alte Standuhr: ein Winkel eines Antiquitätengeschäfts. Im Verlauf des Monologs sitzt Celia an verschiedenen Stellen des Geschäfts, oft neben einem Ölheizgerät.

Von Bildern lasse ich die Finger. Meine goldene Regel. Haben sich schon zu viele die Finger verbrannt.

Kommt heute Morgen eine Frau rein, wühlt in ihrer Einkaufstasche und sagt, sie hätte da vielleicht was Interessantes für mich, stand die ganze Zeit auf dem Dachboden und so weiter und so fort, das übliche Palaver. Hatte sich offenbar gar keine Gedanken darüber gemacht, bis sie so was Ähnliches (ich wusste schon, was jetzt kommt) in dieser Fernsehsendung über Antiquitäten gesehen hatte, und da hatte jemand von Christie's …

»Gepäckträger«, sagte ich. »Wie meinen?«, fragte sie. »Sotheby's, Christie's. Gepäckträger. Gepflegte Aussprache, wunderschöne Anzüge, makellose Fingernägel. Aber sind bloß Gepäckträger.« Sie sagte: »Na, der hat jedenfalls zweitausend Pfund gesagt.«

»Der hat gut reden«, sagte ich. »Der muss ja auch nicht um vier Uhr morgens aufstehen, mit seinem alten Volvo quer durch England gondeln und den ganzen Tag in einem eiskalten Zeltpavillon hocken, um am Ende zwei Untersetzer und einen Schirmständer zu ergattern.« Zweitausend Pfund! War kaum besser als röhrende Hirsche am Waldrand.

»Es ist ein echtes Ölgemälde«, sagte sie. »Sehen Sie doch mal, wie viel Arbeit da drinsteckt.« »Madam, vergeben Sie mir bitte«, sagte ich, »aber dürfte ich Sie wohl an *A Tisket A Tasket* verweisen, ein paar Häuser weiter? Ist eigentlich ein Café, verkauft aber auch so dies und das, und Yvonne bietet nebenbei Gemälde an …« Ich verschwieg allerdings, dass darauf meistens Mäuse im Kittelkleid und dergleichen zu sehen waren.

Ich bin schnell mal über die Straße zu Derek und Cyril. Bei denen war gerade ein Kunde aus Stockholm, der ihnen praktisch den Laden leergekauft hat. Vor allem Staffordshire-Figuren, ist ihre Spezialität. Halte nicht viel davon, aber Derek und Cyril stehen absolut darauf. Ein bisschen klobig, finde ich. Ich habe eigentlich gar kein Spezialgebiet. Anständige Landhausmöbel, könnte man sagen, Ulme, Obsthölzer, alles, was bemalt ist. Und natürlich Uhren, wenn ich welche kriegen kann. Dazu Töpfe der Epoche.

Manche Sachen verkaufe ich prinzipiell nicht. Teddybären zum Beispiel. Das reinste Minenfeld. War mal auf einer Auktion in Suffolk, wo sich zwei Bieter buchstäblich um einen Bären rissen, bis er entzwei war, einer der beiden war Pastor.

Heutzutage haben alle noch so ihre kleinen Nebenverdienste. Bisschen Geld verdienen mit Marmelade und Chutney. Kommt neulich eine Frau herein und fragt, ob ich wohl Chutney hätte? »Madam, ich fange an, Chutney zu verkaufen«, habe ich geantwortet, »wenn bei Tesco Sekretäre angeboten werden.« Aber inzwischen gibt es ja schon in der Autowerkstatt Duftpotpourris, da muss man sich ja nicht wundern.

Ich muss an Lawrence denken. »Herrgott, altes Mädchen, ich habe doch meine Abfindung nicht in diesen Laden gesteckt, um Eingemachtes zu verkaufen.« Er war Bombenentschärfer, darum haben wir zu Anfang auch hauptsächlich in Uhren gemacht. Damals gab es natürlich noch anständige

Uhren. Es gab alles. Möbel. Steingut. Ankauf überhaupt kein Problem. Und wenn man ein gutes Auge hatte – wie ich –, dann konnte man sich die Rosinen rauspicken.

Heute nicht mehr. Heute nimmt man, was man kriegen kann. Und immer geht es nur ums Geld. Wenn man schöne Dinge liebt – und darum bin ich eigentlich in diese Branche gegangen –, dann bricht es einem das Herz.

Außerdem sind heutzutage alle Experten, kennen alle Kniffe. Man merkt, wie ihnen was ins Auge sticht, aber sie fragen nicht direkt danach, sondern erkundigen sich nach irgendwas anderem, tun so, als wären sie gar nicht interessiert, und dann heißt es auf einmal: »Ach übrigens ... was soll denn diese Kleinigkeit kosten?« Der älteste Trick der Welt, aber trotzdem meinen sie, man würde ihnen auf den Leim gehen. Haben sie sich natürlich alle im Fernsehen abgeschaut. Mir kommt kein Fernseher ins Haus. Habe ich auch zu Nancy Barnard gesagt, ich weigere mich, so was anzuschauen. »Wir haben unseren nur wegen Fay«, sagt sie darauf. Fay! Dass ich nicht lache. Sie kleben doch beide ständig davor!

Wenn ich doch bloß diesen Refektoriumstisch losschlagen könnte. War ein richtiges Schnäppchen, als ich ihn fand, aber das ist jetzt schon ein

Jahr her, und noch kein einziger Interessent. Wunderschöne Platte. Ulme.

Sie lächelt schmal, weil offenbar jemand ins Schaufenster sieht.

Die alte Miss Ventriss. Hab ihr mal zwei Crown-Derby-Teller abgekauft, aus reiner Gefälligkeit, einer war angeschlagen.

Sieht ein bisschen gebrechlich aus. Wird auch älter.

Sehr schöne Kameenbrosche.

AUSBLENDEN.

Die reden, als ob man gar nicht da wäre.

Gerade war da eben so ein Ehepaar, das sich eine Wedgwood-Terrine mit Fasanendekor anschaute. »60 Pfund!«, sagt sie. »Für meine habe ich damals 2 Pfund 10 bezahlt.« »Ja, aber wann?«, hätte ich am liebsten gefragt. »1955?«

Und manche sind so achtlos, schmeißen die Sachen praktisch gleich zu Boden. Ich habe jetzt ein Schild aufgehängt:

»Anschauen, anfassen
ist alles erlaubt,

doch wer was kaputtmacht,
der hat es gekauft!«

Guckt schon wieder jemand rein. Wie im Goldfischglas.

Nein. Den Preis können Sie nicht sehen, so sehr Sie sich auch verbiegen. Sie werden sich noch den Nacken ausrenken und trotzdem nichts sehen, ich hab das Preisschild nämlich genau so hingelegt, dass man es nur lesen kann, wenn man hereinkommt. Was Sie aber nicht tun.

Und selbst wenn Sie das Schild lesen könnten, würde es Ihnen nicht helfen, ich habe nämlich so meinen eigenen Code.

Sie schaut sich das Preisschild des Tisches an, an dessen Ende sie sitzt.

Den hier könnte ich für 1300 gehen lassen, wenn es sein muss. Ich habe ihn jetzt ein Jahr. Zu lange. Lawrence hätte mir schon die Leviten gelesen. »Man muss seinen Bestand austauschen, altes Mädchen. Bewegung, Bewegung.« Bei ihm lief das so, auch wenn man so vielleicht nicht viel verdiente.

»Das ist wie beim Scrabble, meine Liebe. Wenn man anfängt, auf den großen Wurf zu sammeln, das Wort mit sieben Buchstaben, ist man schon verloren. Weg mit den Buchstaben. Hier mal fünf Pfund, da mal zehn. In einer Woche für x kaufen, in der nächsten für y verkaufen. So macht man Gewinn.« Würde sich gut in einem Konferenzzimmer machen. Oder in so einem umgebauten Loft. Vielleicht würde ich sogar bis 1 150 Pfund runtergehen.

Ich habe mir Gedanken wegen Miss Ventriss gemacht. Und weil ich sie schon eine ganze Zeit nicht mehr gesehen hatte, dachte ich, ich klopfe einfach mal bei ihr an und sehe, wie es ihr geht.

Sie wohnt in so einem herrschaftlichen Haus in bester Lage, The Mount, über der Tür noch das originale Oberlichtgitter, und ein sehr schöner Türklopfer, eine Hand, die eine Kugel hält, kann eigentlich nicht jünger sein als 1820, obwohl ich das Haus als viktorianisch eingeschätzt hätte. Aber natürlich ist es verputzt, damit lassen sich alle Verbrechen vertuschen, und als ich drin bin, merke ich gleich, es stammt aus dem siebzehnten Jahrhundert und wurde anscheinend nie umgebaut. Und ich hatte Recht, es geht ihr natürlich nicht gut, sie liegt schon seit vierzehn Tagen im Bett, und Mabel, die Haushaltshilfe, macht mir auf. Ich kenne Mabel schon länger, sie hat mir nämlich gelegentlich irgendwelches Zeug, so kleine Dinge halt, in den Laden gebracht … ein silbernes

Riechdöschen, eine Gagatbrosche, Löffel und dergleichen, lauter Sachen, die ich sofort wieder los wurde. Stammten angeblich alle aus Newcastle, wo ihre Tante ins Altersheim musste. Mabel also führt mich gleich nach oben zu Miss Ventriss, die mir erklärt, dass die Ärzte schon alle möglichen Untersuchungen angestellt haben und immer noch nicht wissen, was los ist. Was wohl bedeutet, dass sie es nur zu gut wissen.

Ganz dünn, die kleine Hand. Wie vertrocknetes Laub. Tragisch.

Wundervoller runder Nachttisch mit umlaufender Zierleiste. Die Bezirkskrankenschwester kommt, während ich da bin, und knallt das Tablettenfläschchen einfach so drauf. Kriminell. Ich helfe, sie zu füttern, aber es kommt ihr gleich wieder hoch.

Der Löffel ist aus Silber, und als die beiden sie saubermachen, schaue ich mir die Prägung an. *Provincial*, Bristol, etwa 1830.

Genau die Marke, die Mabel mir in den Laden gebracht hat.

AUSBLENDEN.

Eine schöne Oberflächenbehandlung mag ich besonders … Ahorn, Rosenholz, vor allem Walnuss.

Was ich gar nicht ausstehen kann, ist abgebeizte Kiefer. Ich sehe einfach keinen Sinn darin. Manche Händler sind da geradezu fanatisch. Immer noch. Die beizen alles ab. Fünf Minuten im Laugentank, und schon sind hundert Jahre liebevoller Pflege im Eimer. Der ganze Charakter zum Teufel.

Daran musste ich denken, weil bei Miss Ventriss alles glänzend poliert ist. Walnuss, Ulme, Obsthölzer. Ein richtiges Schmuckkästchen. In letzter Zeit schaue ich regelmäßig vorbei, um Mabel ein bisschen Arbeit abzunehmen, die alte Dame ist nämlich kaum noch bei Bewusstsein, meist merkt sie gar nicht, dass ich da bin. Ich sitze am Bett, die Uhr tickt … eine Reiseuhr, Schildpattfurnier, kanneliert, circa 1750. Musste an Lawrence denken. Wunderschön.

Egal wo man hinguckt, man findet überall was. So sahen die Häuser in den Fünfzigern aus, und alles praktisch in Museumsqualität. Stammt alles von ihrem Großvater, der war offenbar ein großer Sammler.

Ich sage zu Mabel: »Was wird denn mit dem ganzen Zeug passieren?« Sie sagt, sie glaube nicht, dass es irgendwelche Verwandten gebe. Es gab zwar mal eine Nichte aus Kanada, aber sie habe das Gefühl, die sei mit dem Flugzeug verunglückt.

Zuerst konnte ich sie nicht dazu überreden, mich herumzuführen. Sie habe strikte Anweisungen der Anwälte. »Welche Kanzlei ist es denn?«, frage ich, und sie sagt: »Paterson, Beatty und Brown.« »Dann ist das kein Problem«, sagte ich, »Mr. Paterson habe ich mal einen Aktenschrank abgekauft und ihm einen sehr guten Preis gemacht.«

Sie war immer noch etwas zögerlich, also sagte ich: »Mabel, ich kann gut verstehen, dass Sie vorsichtig sein müssen. Es passiert so leicht, dass Kleinigkeiten verschwinden, gerade bei alten Leuten. Silber, kleine Broschen, solche Sachen, Sie wissen schon?« Da wurde sie ganz still, also fragte ich: »Sollen wir oben anfangen?«

Ich traute meinen Augen nicht. Jedes Zimmer eine Schatzkammer. Unglaublich.

Als ich ging, sagte Mabel: »Ich werde versuchen, dass einiges davon in Ihre Hände gelangt, wenn ich kann.« »Wissen Sie«, sagte ich, »da könnte für uns beide ein netter Gewinn herausspringen. Wenn es denn tatsächlich dazu kommt, nur dann natürlich.« »Natürlich nur dann«, sagte Mabel, »denn heute geht es ihr ein bisschen besser. Sie hat jedenfalls mehr vom Essen bei sich behalten. Aber man muss nur einen Blick unters Nachthemd werfen, da sind nur noch Haut und Knochen.« »Sicher«, sagte ich. »Wo sind diese

Nachthemden übrigens her?« »Ich glaube, von ihrer Großmutter. Alles Handarbeit. Im Wäscheschrank liegt ein halbes Dutzend davon, manche nie getragen. Tragisch.«

Natürlich fangen die Haie schon an zu kreisen. Heute Nachmittag sitze ich an ihrem Bett, als Derek an die Tür klopft, eine Schale von Cyrils vertrocknetem Vanillepudding in der Hand. Mabel hat ihn gar nicht erst über die Schwelle gelassen, aber gleich hintendran kommt Nancy Barnard angesegelt, in ihrer schrecklichen weinroten Hose, und sagt, sie und Fay schwören auf irgendeine Tinktur aus den Sümpfen Paraguays, die sie in Chelmsford gekauft hat, ob sie davon was vorbeibringen sollte. »So leicht zu durchschauen«, habe ich zu Mabel gesagt.

Miss Ventriss schläft, also schaue ich mir ihr Bett mal genauer an. Stammt aus einem Landhaus. Um 1830, würde ich sagen, bemalt (für mich immer ein Vorzug) und in hervorragendem Zustand. Es klingelt schon wieder, während Mabel also nach unten geht, hebe ich die Matratze an, und wo die Farbe nicht abgegriffen ist, sieht es praktisch wie neu aus.

Ich stopfe gerade das Laken wieder fest, als ich sehe, dass sie die kleinen Augen aufgeschlagen hat und mich beobachtet. Ich glaube, sie hat

»Zufrieden?« gefragt. Aber im gleichen Augenblick kam Mabel wieder herein.

Man weiß es natürlich nie genau: Wenn es schon so weit ist, dann schlägt es auch aufs Gehirn.

Der Besuch war der Priester, der ihr die letzte Ölung verpassen wollte und so weiter, nur zur Sicherheit, weil der Arzt sagte, sie könne jederzeit von uns gehen. Hatte so ein kleines besticktes Tuch, mit dem er den Kelch abdeckte, sah aus wie *Arts and Crafts*, wirklich schön. Zu schade, dass sich damit nichts anfangen lässt.

Pause.

Als sie »Zufrieden?« gesagt hat, meinte sie wahrscheinlich, dass *sie* zufrieden war.

AUSBLENDEN.

Ich habe Nancy Barnard gefragt: »Bin ich ein Mensch?« Sie fragte zurück: »Wie bitte, meine Liebe?« »Bin ich ein Mensch? Oder eine professionelle Schnäppchenjägerin?«

Denn das hatte die Frau angedeutet. »Ich bin aus Freundschaft hergekommen«, habe ich gesagt. »Das weiß ich«, hat sie geantwortet. Knallrote Strickjacke, karminroter Lippenstift und bei der Beerdigung eine Lederhose an. Sogar Nancy hatte irgendwo einen Rock aufgetrieben. Die Nichte … hat Miss Ventriss nie im Leben gesehen, ist schon mit sechs Jahren nach Kanada gezogen. Mabel hatte mir gesagt, sie sei mit dem Flugzeug abgestürzt, aber da hatte sie was gründlich missverstanden. Es war bloß ein ganz gewöhnlicher Treppensturz.

Und natürlich will sie alles haben. Was man ja verstehen kann, aber kaum hat sie das Haus betreten, verkündet sie schon, dass sie bloß ein, zwei ausgewählte Stücke für sich behalten will und den ganzen Rest bei Phillips in London versteigern lassen wollte.

Ich sagte: »Mrs. O'Rourke, ich bin sicher, einige hiesige Händler würden Ihnen sehr gute Preise machen, und dann müssten Sie die Kommission nicht bezahlen.« Aber siehe da: Sie muss ohnehin nicht viel Kommission zahlen, weil die Sachen von so erstklassiger Qualität sind, dass sich das Auktionshaus mit ihr arrangiert hat.

Daraufhin hat sie mir diese Kiste mit Kleinkram aus der Schreibtischschublade angeboten … Ich sei doch sehr freundlich zu ihrer Tante gewesen, sagte sie, und da wollte sie mir zum Dank etwas überlassen.

»Recht schönen Dank«, habe ich gesagt, »aber ich möchte gar nichts geschenkt haben.« »Das trifft sich gut«, sagt sie, »die Anwälte sind ja so kleinlich, ich müsste sowieso pro forma einen nominellen Preis verlangen, damit alles legal ist. Sagen wir fünf Pfund?« Darauf sage ich: »Ich verkaufe kein Kleinzeug.« Und sie: »Wenn Sie mir fünf Pfund geben und es beim Verkauf mehr einbringt, können Sie das Geld ja Oxfam spenden.« »Was machen Sie eigentlich in Kanada beruflich?«, habe ich gefragt. »Öffentlichkeitsarbeit«, sagt sie. »Ach«, sagte ich sehr betont, »davon machen Sie wohl gerade Urlaub«, gab ihr die fünf Pfund, nahm die Kiste und ging.

Aber als Kanadierin hat sie wahrscheinlich gedacht, das war nett gemeint.

Ich habe es noch nicht über mich gebracht, die Kiste auszupacken. Um ehrlich zu sein, habe ich es erst jetzt gerade getan. Hauptsächlich, was ich erwartet habe. Ein oder zwei Aschenbecher aus Pressglas, für die ich vielleicht zwei oder drei Pfund das Stück kriege. Ein kleines Zigarettenetui aus Rotguss und ein Serviettenring. Lauter Sachen für die Fundgrube. Das einzige interessante Stück ist eine zwar etwas fleckige Skizze von einem Finger (ich glaube jedenfalls, es ist eine Zeichnung, könnte auch ein Druck sein), aber der Rahmen ist etwas

Besonderes. Ziemlich klein, aber mit aufklappbaren Türen, sodass es ein bisschen nach Altar aussieht; wahrscheinlich neunzehntes Jahrhundert.

Wenn ich mal einen Augenblick Zeit habe, nehme ich die Zeichnung heraus und lege etwas Konventionelleres hinein, einen Blumendruck oder so was. Poliere ihn ein bisschen. Könnte glatt dreißig Pfund oder noch mehr bringen, man weiß ja nie.

Pause.

Aber schon komisch, einen Finger einzurahmen.

AUSBLENDEN.

Ich glaube, der Refektoriumstisch ist weg. Kam gestern früh einer. Noch ganz jung. Lockige Haare. Kann nicht viel älter als zwanzig gewesen sein. Ich habe ihn gefragt, ob er was Bestimmtes suche. Er sagte Ja, eigentlich wollte er nach einem Geschenk für seine Freundin schauen, aber jetzt interessierte ihn der Refektoriumstisch. Fragte gar nicht erst nach dem Preis, was schon immer ein gutes Zeichen ist, sondern fragte, ob ich ihn ausmessen könnte?

Ich suche also nach einem Maßband, und er schaut sich so die eine oder andere Kleinigkeit an.

Ich hatte Miss Ventriss' kleine Zeichnung hervorgeholt, weil ich dachte, ich könnte sie am Nachmittag mal aus dem Rahmen lösen, und dann hatte ich sie einfach auf den Refektoriumstisch gestellt, er nimmt sie in die Hand, stellt sie dann zur Seite, um die Tischplatte unter die Lupe zu nehmen.

Als ich ihn gemessen hatte, kroch er drunter, um ihn sich genau anzuschauen; hatte ein paar Holzwurmspuren, aber bei einem so alten Stück wäre es auch ungewöhnlich, wenn es anders wäre, und wir waren beide der Meinung, die Würmer seien tot. Also fragte er, was mein bestes Angebot sei? Ich hatte vor einem Jahr 1 100 dafür bezahlt, also sagte ich: »Na ja, viel weniger als 1 700 kann ich nicht nehmen. Vielleicht 1 650. Es ist Ulme.« »Weiß ich«, sagte er. »Er ist sehr schön. Wenn er passt, ist er genau das, was wir suchen.« Ich gebe ihm also meine Karte, er schreibt sich die Maße auf und will mich noch am Nachmittag anrufen.

Als er gerade gehen will, nimmt er noch mal den Finger in die Hand und fragt: »Was ist das?« Ich sage: »Tja, ein Finger, was denn sonst?« »Sicher«, sagt er. »Ich weiß nicht recht, ob mir der gefällt, aber der Rahmen ist hübsch. Wie viel soll er kosten?«

Ich dachte mir, na, die Stimme klingt gebildet, da riskiere ich mal was. Ich sagte: »Unter 100 kann ich eigentlich nicht gehen.« Da hat er ihn ziemlich schnell wieder weggestellt. »Der Rahmen allein ist mehr wert«, habe ich gesagt. »Ja, eigentlich interessiere ich mich auch bloß für den Rahmen«, hat er gesagt.

Ich tat so, als ob ich in meine Bücher schaute. »Also, ich kann Ihnen den Rahmen für 90 geben, und wenn Sie die Zeichnung nicht haben wollen, nehme ich Sie Ihnen heraus.« »Nein«, sagt er, »lassen Sie nur, das kann ich selber.« In dem Moment kommt jemand anders herein, und er schreibt mir ganz schnell einen Scheck aus. Ich wickele das Bild ein und sage: »Und wegen des Tisches geben Sie mir Bescheid?« »Wie bitte?«, fragt er. »Der Tisch«, sage ich. »Ach ja«, sagt er. »Ich rufe Sie heute Nachmittag an. Ich glaube, er wird genau passen.«

Ich war gerade bei der Bank und habe den Scheck eingelöst, und jetzt warte ich auf seinen Anruf. Komisch, ich war ja schon auf 90 runtergegangen, aber er hatte es so eilig, dass er doch 100 auf den Scheck geschrieben hat.

AUSBLENDEN.

Nein, habe ich gesagt, ich bin nicht nachtragend. Ich habe meinen Gewinn gemacht, die haben ihren gemacht. Beim Weiterverkauf macht jeder Profit, so läuft das im Antiquitätengeschäft.

Sie hatten mich vor dem Laden hingestellt, so eine junge Frau stand neben der Kamera, und ich sollte sie anschauen, nicht die Kamera.

Sie fragte, ob ich sie bitten würde, mir freiwillig eine Vergütung zu zahlen? Ich sagte, ich glaube kaum, dass ich sie das fragen werde und dass sie mir von sich aus sicher keine Zahlung anbieten würden. Obwohl es natürlich nett wäre. Ich glaube, ich würde es doch tun … unter solchen Umständen.

Ich hatte die Sache tatsächlich vollkommen vergessen. Es war mindestens sechs Monate her (anscheinend mussten sie erst alle möglichen Tests mit dem Papier anstellen und dergleichen). Dann klopft Nancy Barnard eines Morgens ans Schaufenster, als ich noch gar nicht geöffnet habe, hält einen *Telegraph* hoch und zeigt mir das Foto auf der Titelseite. Da steht der junge Mann mit einer Vergrößerung des Fingers.

Und der stammt, sagen die Experten (oder jedenfalls einige), von Michelangelo, eine Studie (offenbar eine von ganz wenigen) zur Hand Gottes an der Decke der Sixtinischen Kapelle.

»Ich wusste doch, dass ich ihn schon mal gesehen hatte«, sagt Nancy, »aber Fay hat es als Erste gemerkt. Hängt wie üblich vor der Mattscheibe und sagt, das sieht aus wie der Finger am Anfang der *South Bank Show*. Ist das nicht eine Schande! Wenn du fernsehen würdest, hättest du es vielleicht auch gemerkt.«

Das Besondere an der Skizze ist offenbar der Ring. An der Decke hat Gott keinen Ring am Finger, ich meine, wieso sollte er auch ... aber auf meinem ... auf dem Finger der Skizze hat er einen, sehr schwach sichtbar, der Siegelring des Papstes, der das Bild in Auftrag gegeben hat ... Julius der Soundsovielte, Michelangelos Gönner. Anscheinend sehr satirisch gemeint von Michelangelo, obwohl ich den Witz nicht ganz verstehe.

Aber das alles treibt selbstverständlich den Schätzpreis in die Höhe. Ist noch nicht versteigert, aber sie rechnen mit allem Möglichen ... fünf Millionen, zehn Millionen Pfund ... einzigartig.

Ein Finger. Von der Größe.

»Du Arme«, hat Nancy gesagt. »Ach«, habe ich gesagt, »so was passiert eben.« Aber als sie weg war, musste ich mich tatsächlich übergeben.

Der junge Mann, der es gekauft hat, der so äußerst gutsituiert aussah, wie ich fand, war am Ende irgendein junges Talent von Christie's. In der Zeitung steht, er habe die Zeichnung in einem Trödelladen gefunden. In einem Trödelladen.

Wer sich natürlich richtig ärgern müsste, ist die Nichte, Mrs. O'Rourke. Sie kann in die Kiste überhaupt nicht reingeguckt haben, also kann sie auch nichts davon wissen. Ich habe ihr ein paar Zeilen geschrieben. Damit ihr das Lächeln vergeht.

War ziemlich viel los. Die meisten Leute wollten allerdings bloß gaffen. Vor allem mich angaffen.

Aber sie haben auch dies und das gekauft. Gestern habe ich ein paar Limonadeflaschen verkauft. Aber ich habe nicht mehr viel auf Lager. Ich bringe es noch nicht über mich, zu Auktionen zu gehen. Und den verdammten Refektoriumstisch habe ich auch immer noch.

Tomaten habe ich dieses Jahr ohne Ende, darum habe ich Chutney gekocht. Bestickter Stoff über dem Deckel, Etikett mit geschwungener Schrift. 95 Pence das Glas. Habe heute Nachmittag drei Stück verkauft.

AUSBLENDEN.

© John Timbers

ALAN BENNETT, 1934 in Leeds geboren, wurde bekannt durch seine TV-Comedy-Revue *Beyond the Fringe*. Er ist einer der populärsten britischen Dramatiker. Neben zahlreichen Theaterstücken und seinen Arbeiten für Fernsehen und Rundfunk schreibt Bennett seit Mitte der neunziger Jahre auch Prosa, unter anderem den Erfolgstitel *Die souveräne Leserin.*

LESEN SIE WEITER …

Natalia Ginzburg *Drei kleine Tugenden*

Die große italienische Autorin erklärt, warum wir die großen Tugenden wie Großzügigkeit den kleinen Tugenden wie Sparsamkeit vorziehen sollen.

Aus dem Italienischen von Maja Pflug

Djuna Barnes *Stolze Frauen mit Vorurteil*

Stolz sind sie, die Frauen, leidenschaftlich, eigenwillig und meinungsstark, über die die emanzipierte Exzentrikerin schreibt.

Ermanno Cavazzoni *Idioten!*

Kurze Lebensläufe

Lakonische und gewitzte Geschichten von seltsamen Leuten, die uns das Lachen lehren.

Aus dem Italienischen von Marianne Schneider

Luigi Malerba *66 nachdenkliche Hühner*

Mit seinen Geschichten aus dem Alltag des Hühnerhofs ist dem großen Ironiker Luigi Malerba ein riskantes, gelassenes, ziemlich zutreffendes Bild der Menschen und ihrer Illusionen wie auch Verschrobenheiten gelungen.

Aus dem Italienischen von Elke Wehr und Iris Schnebel-Kaschnitz

Die Reihe DaCapo wird herausgegeben von Susanne Schüssler.

Die Texte stammen aus dem Band *Miss Fozzard findet ihre Füße*, der auf Deutsch 2011 als 177. *SVLTO* erschien. Die englische Originalausgabe erschien 1998 unter dem Titel *Talking Heads 2* bei BBC Worldwide in London.

MIX
Papier aus verantwortungsvollen Quellen
FSC® C014889

2. Auflage 2022

Emser Straße 40/41, 10719 Berlin
www.wagenbach.de
Umschlaggestaltung Julie August. Gesetzt aus der Futura. Vorsatz- und Überzugsmaterial von peyer graphic, Leonberg. Gedruckt auf Schleipen bei Pustet, Regensburg. Printed in Germany.

ISBN 978 3 8031 3340 3